Geldanlagen für Mann und Frau

Investiere wie eine Frau

Auflage1/September 2017

J.R Lucas Wolf

Inhalt

Einleitung

Im 21. Jahrhundert kämpfen Frauen immer noch für Gleichberechtigung. Dabei gab es vor nicht allzu langer Zeit noch sehr viel mehr Dinge, die Frauen nicht durften! Die Frauen-Quote in den Führungsebenen großer Konzerne. Ein Meilenstein, wenn man bedenkt, was Frauen früher alles nicht durften. Bildung wurde beispielsweise verboten! Erst seit 1901 ist es Frauen erlaubt, die Schule und die Universität zu besuchen. Heutzutage muss sich meistens die Frau um die Verhütung kümmern. Das war jedoch nicht immer so! Früher entschied der

Mann, ob und wie die Frau verhütet. Ärztliche Beratungen dazu wurden oftmals nur durchgeführt, wenn der Gatte anwesend war.

1. Bildung erhalten 1901.
2. In die Politik gehen 1908-1918.
3. Arbeiten 1958.
4. Eigenes Bankkonto 1962.
5. Verhüten1974.
6. Namen selbst aussuchen 1976-1991.
7. Sich scheiden lassen 1977.
8. Sich gegen ihre gewalttätigen Männer wehren.1996.
9. Als Hausfrau Rente beziehen 2014.

Was für dich heute wie selbstverständlich zum Alltag gehört, ist ein lang umkämpftes Privileg! Obwohl es schon immer Mädchen und Frauen gab die heimlich Lesen und Schreiben lernten, und unter falschem Namen Texte veröffentlichten eine Erlaubnis, höhere Schulen und Universitäten zu besuchen. Haben Frauen in Deutschland erst seit 1901.

2. In die Politik gehen.

„Alles, was Röcke trägt hat in der Politik nichts verloren", soll Otto von Bismarck einmal gesagt haben. Frauen waren in jeder Epoche von politischen Aktivitäten ausgeschlossen. Erst ab 1908 erhielten sie die Erlaubnis, sich in politischen Vereinen zu engagieren und ab 1918 auch das allgemeine Wahlrecht. Seitdem beweisen sie, dass es ziemlich egal ist, ob Politik in Hosen oder Röcken gemacht wird.

3. Arbeiten. Dass Frauen hart arbeiten

können, war Mitte der 50er Jahre keine Neuigkeit mehr immerhin hatten sie durch zwei Weltkriege hindurch die globale Wirtschaft geschmissen. Trotzdem war Politikern das leibliche Wohl der Ehegatten wichtiger, als die Berufswünsche der Frauen. Mit der Einwilligung in die Ehe verpflichtete eine Frau sich automatisch „zur Führung des Haushalts."

Schränkte der Job einer Frau die Erledigung ihrer Pflichten ein, konnte ihr Ehemann die Stelle jederzeit aufkündigen. Abgeschafft wurde dieses Gesetz in der BR - Deutschland tatsächlich erst 1958.

4. Bis 1962 durften Frauen kein eigenes Bankkonto eröffnen.

5. Auch die Frage, ob und wie eine Frau verhütet, war Angelegenheit ihres Mannes

Abtreibungen beispielsweise sind für Betroffene erst seit 1974 straffrei. Außerdem führten viele Ärzte die Beratung nicht durch, wenn der Ehepartner nicht anwesend war.

6. Namen selbst aussuchen. Bis 1976 waren Frauen bei der Eheschließung noch verpflichtet den Namen ihres Gatten zu übernehmen. Eine Gesetzesänderung zur Gleichberechtigung erlaubte den Männern zwar, die Entscheidung zu treffen, ob sie den Namen ihrer Frau annehmen wollten gefiel dieser den Herren nicht, mussten Frauen sich dem Willen ihres zukünftigen Gatten beugen. Erst seit 1991 können beide Ehepartner für sich selbst entscheiden, welchen Nachnamen sie jeweils tragen möchten oder ob sich eine hübsche Kombi basteln.

7. Sich scheiden lassen.

Die Ehe als Institution galt dem Gesetzgeber schon immer als äußerst schützenswert. Daher nahm er Scheidungsvorhaben noch nie auf die leichte Schulter. Reichte eine Frau zum Beispiel die Scheidung ein, weil ihr Mann eine Affäre hatte oder sie häuslicher Gewalt ausgesetzt war, wurde ihr selbst die Schuld am Versagen der Ehe zugesprochen.

Damit hatte sie kein Anrecht auf Unterhalt und war nicht nur gesellschaftlich, sondern auch wirtschaftlich am Ende.Seit 1977 gilt statt des Schuldprinzips das Zerrüttungsprinzip. Damit kann eine Ehe von beiden Partnern aufgelöst werden, wenn sie als „gescheitert" gilt.

8. Sich gegen ihre gewalttätigen Männer wehren.

Dass Frauen selbst bestimmen können, ob und wann sie Kinder bekommen und wie sie ihre eigene Sexualität leben, ist ein geradezu revolutionärer Schritt. Sex war für Frauen nur innerhalb einer Ehe erlaubt und wurde nicht umsonst als „eheliche Pflicht" bezeichnet.

Es war daher auch nicht möglich, Anzeige für eine Vergewaltigung zu erstatten, wenn sie innerhalb einer Ehe stattfand. Damit waren Frauen ihren „rabiaten" Männern ausgeliefert. Abgeändert wurde die Definition von Vergewaltigung erst 1996 und ist seitdem auch in der Ehe strafbar.

9. Als Hausfrauen Rente beziehen.

Häusliche Arbeit und Kindererziehung

sind so selbstverständlich Teil „weiblicher Pflichten", dass Hausfrauen nicht einmal einen Anspruch auf Rente haben, wenn sie nicht mindestens fünf Jahre einer festen Beschäftigung nachgegangen sind. Auch heute noch. Seit 2014 werden Nur-Hausfrauen (und -männern) immerhin für die Erziehung jedes Kindes jeweils zwei Jahre „Erwerbstätigkeit" angerechnet.

Das ist zumindest ein erster Schritt. All diese Gesetze sind keine Selbstverständlichkeit und haben die Situation von Frauen in vielen Bereichen verbessert. Trotzdem haben wir noch einen weiten Weg vor uns. Frauen haben einiges gemeinsam: Sie verdienen auch heute noch im Schnitt weniger als Männer. Sie leben aber länger, brauchen also im Alter mehr Geld. Und sie haben, wenn sie sich für Kinder entscheiden, keine durchgängige Erwerbsbiografie. Das bedeutet: Verdienstausfall, Teilzeitbeschäftigung und dadurch später geringere Renten. Im Gegensatz zu Männern denken Frauen in der Regel nicht daran, eine finanzielle Lebensplanung zu entwerfen. Und sie verlassen sich noch allzu oft auf einen Partner, obwohl in Großstädten mittlerweile jede zweite Ehe geschieden wird.

Nicht eheliche Partnerschaften sind dabei nicht erfasst. Denn Frauen haben heutzutage eine gute Ausbildung und sind im Beruf erfolgreich. Doch die Verantwortung für die eigenen Finanzen ist für Frauen verhältnismäßig neu. Viele Frauen unterbrechen ihre berufliche

Karriere für Kinder und Familie. Sie verlassen sich in dieser Zeit finanziell meist auf ihren Partner. Mein Eindruck ist: Frauen üben zwar heute selbstverständlich einen Beruf aus, aber dieser Fortschritt hat vor der Geldanlage Halt gemacht. Das sollten wir ändern! Nicht nur weil es Spaß macht, sich selbst mal einen Urlaub zu finanzieren, sondern auch, weil finanzielle Freiheit auch persönliche Freiheit bedeutet.

2.0 Investiere wie eine Frau

Frauen und Geldanlage: „Was stimmt hier nicht?"

Geldanlage scheint zumindest in Deutschland Männersache zu sein.

„Warum nur?"

Diese Frage beschäftigt mich schon länger. Einige Beobachtungen aus jüngster Zeit haben mich zu diesem Text angeregt:

Phänomen 1: Frauen geben das Geld aus, Männer legen es an. In den meisten Familien, die ich kenne, verwalten die Frauen das Haushaltsgeld. Sie teilen es ein, geben es für die Dinge des täglichen Bedarfs aus, recherchieren nach günstigen

Preisen und Finanzierungen für größere Anschaffungen und freuen sich, wenn sie am Monatsende etwas übrig haben und sparen können. Das Ersparte wird dann für den Urlaub oder größere Anschaffungen verwendet. Aber wenn es darum geht, Geld anzulegen und etwas für die eigene Altersvorsorge zu tun, sind dieselben (überwiegend berufstätigen) Frauen plötzlich sehr zögerlich.

Darum kümmern sie sich gar nicht bzw. überlassen das Thema ihren Männern. Bestenfalls haben Frauen eine (kleine) Lebensversicherung abgeschlossen und/oder einen Vertrag über vermögenswirksame Leistungen. Das gemeinsame Geld ist am ehesten als Festgeld angelegt. Phänomen 2: Frauen sind bei Anlegerveranstaltungen unterrepräsentiert. Phänomen 3: Frauen meiden Aktien. Laut der Gothaer Anlegerstudie 2017 spielt die Rendite für Frauen bei der Geldanlage kaum eine Rolle. Das heißt: Sogar diejenigen Frauen, die selbst Geld anlegen, orientieren sich nicht an einer möglichst hohen Verzinsung, sondern vor allem an der (vermeintlichen) Sicherheit einer Anlage.

Laut dieser Studie besitzen nur 14 Prozent der Anlegerinnen Fonds oder Einzelaktien (bei den Männern sind es immerhin 21 Prozent). 84 Prozent der befragten Frauen sind grundsätzlich nicht dazu bereit, Geld in Aktien oder Fonds zu investieren, weil ihnen das zu riskant ist. Leider gibt es halt bei den „sicheren" Geldanlagen eine so niedrige Verzinsung, dass das angelegte Geld bei

Berücksichtigung der Inflationsrate an Wert verliert, statt sich zu vermehren. Phänomen 4: Frauen kaufen aber auch kein Gold. Auf dem Portal Gold.de stieß ich auf einen Artikel mit dem Titel Gold als Geldanlage interessiert Frauen nicht. Darin findet sich eine Grafik mit dem provokanten Titel.

„Ist Gold zu wenig pink?"

Aus ihr geht hervor, dass von den Menschen die über das Preisvergleichsportal Gold kaufen, nur 15 Prozent Frauen sind. Nun kann man durchaus darüber streiten, wie nützlich Gold als Anlageobjekt ist. Ich persönlich sehe es eher als werterhaltenden Sicherheitsbaustein im Anlagemix, denn als Renditeobjekt oder Element der Altersvorsorge. „Aber wie kann es sein, dass Frauen in einer Zeit, in der viele Anleger verunsichert sind und Sicherheitsanker suchen, praktisch keine Goldbarren oder münzen kaufen?"„Warum nur interessieren Frauen sich nicht für Geldanlage?"

Denn das ist der Schluss, den ich aus meinen Beobachtungen gezogen habe: Viele Frauen wollen sich einfach nicht mit Finanzfragen, Altersvorsorge und Geldanlage beschäftigen. Und zwar offensichtlich vor allem deswegen, weil sie das Thema für langweilig, unsexy, unweiblich, inhaltlich schwierig oder irgendwie moralisch minderwertig halten.

„Gehen Frauen und Geldanlage also einfach nicht zusammen?"

Nun werden manche einwenden, das seien Vorurteile. Das mangelnde Interesse liege schlicht daran, dass Frauen heute immer noch weniger Geld verdienen als Männer und deswegen keines zum Anlegen übrig hätten. Insbesondere die Alleinerziehenden, von denen ja der Löwenanteil weiblich ist, tauchen regelmäßig an der Spitze der Armutsgefährdeten auf. Klar, dass die weder Gold noch Aktien kaufen. Das stimmt natürlich.

Einerseits. Andererseits sollte gerade das Wissen darum, dass heute viele Partnerschaften und Ehen scheitern, dazu führen, dass Frauen sich nicht vertrauensselig in das Mutter- und Hausfrauendasein stürzen, ohne finanziell vorzusorgen bzw. mit ihrem Partner einen Ausgleich auszuhandeln. Grundsätzlich ist es zu empfehlen, dass Frauen auch als

Mütter wenigstens in Teilzeit Geld verdienen und den Kontakt zur Arbeitswelt halten. Das allein ist aber nicht genug. Wenn einer der Partner die unbezahlte Familien und Hausarbeit zum Löwenanteil oder gar vollständig übernimmt, sollte es selbstverständlich sein, dass er dafür kein Taschengeld erhält, sondern einen gerechten Anteil am Haushaltseinkommen.

Einen Teil davon sollte er bzw. sie, denn meist wird der nicht oder wenig berufstätige Partner die Frau sein für sich selbst anlegen, ganz besonders, wenn die Partnerschaft ohne Trauschein gelebt wird. Und davon wiederum am besten einen Teil in Aktienfonds, der höheren Rendite wegen. Echten Wertzuwachs gibt es am einfachsten über Aktien.

Nach wie vor sind für eine längerfristige Geldanlage Aktienfonds aus Rendite gründen unverzichtbar. Mit einer geschickten Auswahl kann man das Risiko begrenzen. Das Wissen darum ist keine Hexerei, das kann Frau sich leicht aneignen. Männer werden übrigens auch nicht mit dem entsprechenden Wissen geboren, sie müssen es ebenfalls erst erwerben.

Frauen scheuen weder das Risiko, noch machen sie große Fehler. Sie schätzen Risiken besser ein, weshalb Männer ihnen oft mangelndes Risikobewusstsein unterstellen. Frauen sind dadurch häufig die besseren Anleger. Lange Jahre war das Thema Frauen und Geldanlage kein Massenphänomen. Entweder es mangelte am notwendigen Vermögen oder die

Ehepartner erledigten die Vermögensanlage. In Zeiten, in denen immer mehr Frauen ihren Lebensunterhalt alleine verdienen, gewinnt aber das Thema Frauen und Geldanlage an Bedeutung. Diese besonderen Rahmenbedingungen sind dann auch einer der Gründe, warum sich Frauen viel weniger Fehler leisten als Männer:

Das wenige Geld muss besonders sorgsam angelegt werden. Konsequente Strategie Frauen und Geldanlage: Im Anlegeralltag können Frauen dann ihre individuellen Eigenschaften einsetzen. Neben geringerer Risikofreude punkten Frauen durch eine konsequente Umsetzung ihrer gewählten Anlagestrategie. Das heißt, dass die

Streuung über die verschiedenen Anlageformen ebenso erfolgt, wie das Festhalten an den gewählten Entscheidungen. Umschichtungen werden selten und mit Bedacht vorgenommen. Damit sind Frauen am Ende deutlich erfolgreicher als Männer. Frauen und Geldanlage, das ist doch eine Erfolgsgeschichte.

Angesichts der guten Ergebnisse der Kombination von Frauen und Geldanlage überrascht es, dass Frauen bei der professionellen Geldanlage kaum eine Rolle spielen. Ich habe den Eindruck, dass Frauen keine Lust haben, Teil der Finanzbranche zu werden. Lucas Wolf: Die Finanzbranche hat ein negatives Image. Das führt meiner Meinung nach bei allen Menschen zu Verunsicherung. Hinzu kommt, dass sie den Beraterinnen und Beratern nicht trauen. Der Grund dafür ist, dass diese meist nicht von der Beratung selbst, sondern vom Verkauf der Produkte leben. Darüber hinaus hat natürlich die Bankenkrise und die aktuelle Niedrigzinsphase das Vertrauen in die Sinnhaftigkeit von Geldanlagen generell geschwächt. Aus meinem Arbeitsalltag weiß ich, dass die meisten Menschen aus Angst irgendwann trotz aller Zweifel mit einem Vorsorgeprodukt ihre spätere Rente aufbessern.

2.1 Die individuelle Beratung

D as Schlimmste daran ist, dass die Angebote oft gar nicht zu ihren Lebensumständen passen. Das ist als ob man mit dem Wunsch, eine braune Winterjacke zu kaufen, in ein Kleidungsgeschäft geht und mit einem roten T-Shirt wieder hinauskommt. Anschließend hat man zwar irgendetwas zum Anziehen, aber nicht das, was man ursprünglich wollte. Den Fehlkauf, um bei der Metapher zu bleiben, geben die meisten Menschen zurück, weil sie erkennen, wie nutzlos das T-Shirt im Winter ist. Eine Altersvorsorge hingegen hängt man nach ganz hinten in den Schrank, wartet ab und hofft, dass sie sich später als hilfreich entpuppt. Frauen wollen sachliche Aufklärung, sie wollen als Person erkannt und akzeptiert werden. Die Beraterin soll sich dafür interessieren, wie sie lebt und was sie braucht. Fachchinesisch kommt bei Frauen nicht gut an. Sie möchten komplizierte Sachverhalte verständlich erklärt haben.

Frauen merken auch sehr schnell, wenn der Produktverkauf im Vordergrund steht. Die Anforderungen, die Frauen an eine Beratung stellen, sollten eigentlich Grundlage eines jeden Beratungsgesprächs sein, unabhängig vom Geschlecht: Im Vordergrund darf nicht der Produktverkauf stehen, sondern die Lösung des wirtschaftlichen Problems der Person. Frauen möchten ernst genommen werden in ihrer ganz persönlichen Situation und ihren Lebenszielen. Die Produkte: Frauen möchten Geldanlagen, die Sinn machen und die sie verstehen. Deshalb interessieren sich auch viele Frauen für ökologische oder ethische Geldanlagen. Frauen legen zudem sehr großen Wert auf Sicherheit, Überschaubarkeit und die einfache Handhabung einer Geldanlage.

Die unterschiedlichen Lebensphasen wie Berufstätigkeit, Elternzeit, Teilzeitbeschäftigung, Existenzgründung und womöglich Scheidung erfordern flexible Produkte. Ideal für Frauen sind deshalb Fonds. Sie bleiben damit flexibel, denn sie können ja mit einem Sparplan machen was sie wollen: Monatlich einzahlen, die Raten aufstocken oder herunterfahren, Sondereinzahlungen leisten und jederzeit über das Geld verfügen. Die Risikoscheu vieler Frauen ist kein Hinderungsgrund, denn es gibt für jede Lebenslage und jede Risikoneigung den passenden Fonds. Auch die Riester-Rente passt sich der jeweiligen Lebenssituation an und ist deshalb gerade für junge Frauen eine wichtige Basisabsicherung.

Staatliche Zulagen und für Gutverdiener die Steuerersparnis machen daraus einen lukrativen Sparplan, insbesondere in Form eines Fondssparplans. Wer ein hohes Einkommen hat und selbständig ist, sollte sich die Rürup-Rente überlegen. Bei keiner anderen Geldanlage gibt es eine ähnlich hohe Steuerersparnis völlig legal und ohne Risiko! Private Rentenversicherungen gibt es in vielen Modellen. Deshalb ist professionelle Beratung wichtig. Beraterin bzw. Berater sollten in der Auswahl der Produkte nicht eingeschränkt sein. Rentenchaos, Altersarmut, Niedrigzinsen: Die Nachrichten verheißen aktuell nichts Gutes.

Viele Sparer wissen deshalb nicht, wie sie ihr Geld anlegen können. Das „Sorgenkind" der Regierung sind Frauen, da sie am häufigsten von Altersarmut betroffen sind. Doch der Finanzberater Lucas Wolf beruhigt die Gemüter. Er erklärt, wie weibliche Sparer jetzt handeln sollten. Frauen leiden besonders häufig unter Altersarmut. Ein zentraler Grund ist, dass sie sich bei Finanzthemen zu oft auf ihre Lebenspartner verlassen. Wie werden Finanzen insgesamt attraktiver für Frauen.

3.0 Der große Unterschied bei der Geldanlage

" Gibt es den?" Ja, den gibt es! Geld ist für viele Frauen nicht wirklich ein attraktives Thema. Entsprechend groß ist der Unwille, sich damit auseinanderzusetzen und z. B. frühzeitig die Altersvorsorge und den Vermögensaufbau zu planen. Männer gehen ihre Geldanlageplanung meist strategischer und rationaler an als Frauen und mit größerem Enthusiasmus. Frauen handeln dagegen emotionaler. Frauen sind zudem vorsichtigere Anleger, sie sind eher risikoscheu. Das aber kann im dieser extremen Niedrigzinsphase nicht funktionieren. Kapitalaufbau geht heute nur mit etwas mehr Risiko. Wichtig ist mir klarzustellen: Männer wissen nicht immer mehr und gehen nicht unbedingt besser mit Geld um. Sie interessieren sich nur mehr für Geldthemen und bringen auch bei recht niedrigem Informationsstand den Mut auf, höhere Risiken einzugehen.

Frauen sind beständiger. Sie hüpfen selten von einer Geldanlage zur anderen, auf der Jagd nach der noch besseren Rendite. Sie suchen gezielt aus und bleiben dann dabei. Das zahlt sich letztlich, für sie aus. Für die Kleinanlegerin: ETF: Die passive Form der Geldanlage kurz erklärt: ETFs, kurz für Exchange Traded Funds, auch Indexfonds genannt, sind passive Geldanlagen. Sie unterscheiden sich von aktiven Anlagen darin, dass sie keinen Fondsmanager benötigen. Aus diesem Grund fallen die Verwaltungskosten für diese Geldanlage flach. Die Vorteile meiner Methode sind: Das Geld vermehrt sich sichtbar. Das Sparziel ist weniger abstrakt als ein Altersvorsorgeprodukt. Man kann sich auch mal etwas leisten ohne schlechtes Gewissen.

Manchmal sind es die einfachen Ideen, die eine besonders große Wirkung entfalten. So ist es auch an den Finanzmärkten. Nicht Zertifikate oder Kleinanlegerbonds sind für Sparer die bedeutendste Finanzinnovation des Jahrhunderts. Es sind die einfachen Sparpläne. Bei den Produkten geht es nicht um komplizierte Anlagestrukturen oder undurchsichtige Absicherungsstrategien. Die Idee ist, jeden Monat einen festen Betrag in eine bestimmte Anlageklasse, beispielsweise Aktien oder Sparbriefe, zu investieren. Gerade in der Nullzinswelt entpuppt sich der Sparplan als Anleger-Idee des Jahrhunderts. Schließlich gibt es kaum noch Zinsen aufs Sparbuch oder das Tagesgeldkonto.

Gleichzeitig ist vielen Bundesbürgern der Kauf von Aktien zu riskant. Hier bieten sich Aktiensparpläne als Ausweg an. Insbesondere Produkte, die das Geld in Indexfonds packen, sogenannte ETF-Sparpläne, scheinen das Produkt der Stunde. Fondsanteile zum Schnäppchenpreis. Sie kombinieren gleich zwei Vorteile: Anleger können mit kleineren Beträgen auf breite Märkte setzen. Sie wetten also nicht auf einzelne Aktien, sondern streuen ihr Geld auf ganz verschiedene Titel. Mit einem Dax-ETF setzen Investoren beispielsweise auf die 30 größten Börsenwerte in Deutschland. Mit einem Indexfonds auf den MSCI-World wird das Geld auf die global 1650 größten Unternehmenswerte aufgeteilt.

Schon mit einem Kleinstbetrag von 25 Euro lässt sich das Geld so auf die ganze Aktienwelt verteilen. Schließlich gehören die Indexfonds zu den kostengünstigsten Produkten. Statt jährlicher Gebühren von bis zu drei Prozent werden ETF-Sparern nur Kosten im Promille-Bereich abgeknöpft. Das ist keinesfalls Kleinvieh, denn gerade bei langfristigen

Sparprozessen machen sich Gebühren besonders schmerzlich bemerkbar. Doch die größte Wucht erzeugen die ETF-Sparpläne durch einen weiteren Effekt: Ängstliche Sparer müssen ihr Vermögen nicht auf einen Schlag an die Börse tragen. Sie können den Einstieg gestaffelt vornehmen und laufen daher nicht das Risiko, zum Höchstkurs einzusteigen und in einem Crash gleich wieder den Großteil ihres Geldes zu verlieren.

Denn die Sparer profitieren vom Durchschnittskosteneffekt. Da sie Monat für Monat einen festen Betrag investieren, bekommen sie in Zeiten hoher Kurse weniger ETF-Anteile. Stehen die Notierungen niedriger, gibt es mehr fürs Geld. Auf diese Weise steigen sie zu einem Durchschnittskurs ein. Langfristig solide

Zinsen. ETF-Sparpläne sollten den Deutschen den Anlagestress nehmen. Viele Bundesbürger haben zwar verinnerlicht, dass sie für ihre Altersvorsorge oder den generellen Vermögensaufbau an Dividendenpapieren nicht vorbeikommen. Doch Auswahl, Timing und Angst vor Verlusten hält viele davon ab.

Um diese Abstinenz zu rechtfertigen, sind Bundesbürger stets auf der Suche nach Gründen, warum Aktien Teufelszeug sind. Jede kleine Börsenkorrektur erzeugt Angst vorm Crash. Einfacher und lukrativer geht es mit den ETF-Sparplänen.

Man trifft einmal die Entscheidung, anschließend passieren die Zukäufe automatisch. Wie lukrativ solche Produkte sind, macht eine einfache Rechnung deutlich. Wer seit Beginn des Deutschen Aktienindex im Dezember 1987 monatlich 100 Euro in einen Dax-Sparplan investiert hätte, hätte sein Vermögen bis jetzt auf über 100.000 Euro vermehrt. Das entspricht einer durchschnittlichen Jahresrendite von acht Prozent. Mit kaum einer anderen Anlageklasse hätten Sparer solche Rendite erzielen können.

Gerade der Vergleich mit den heutigen Niedrigzinsen lässt das Produkt glänzen. Sollte der Dax bis ins Jahr 2030 seine historische Serie fortsetzen, könnten Sparer aus monatlichen Einzahlungen von 100 Euro insgesamt 38.000 Euro machen. Bei Tagesgeld wäre es bei der aktuellen Durchschnittsverzinsung von 0,19 Prozent nur die Hälfte. Selbst für den Fall, dass die Zinsen wieder auf ein Prozent ansteigen sollten, wäre der erwirtschaftete Betrag mit rund 20.000 Euro deutlich niedriger als mit dem Dax-Sparplan. „Sparpläne, mit denen Anleger mit kleinen Raten ein Vermögen aufbauen können, sind die größte Finanzinnovation des 21. "Jahrhunderts", sagt: Lucas Wolf. „Allerdings sollten sie nicht nur gute Produkte wählen und auf die Kosten achten."

„Daher dürften für viele ETFs infrage kommen", bestätigt er.

Die Banken haben bereits reagiert und bieten zahlreiche Sparpläne an. Vor allem die Direktbanken haben kostengünstige Produkte im Angebot. Die größte Auswahl bietet der Sparkassenbroker mit über 200 Sparplanvarianten. Comdirect oder die Consorsbank bieten zahlreiche Produkte zu attraktiven Konditionen. Dabei müssen Anleger zunächst den passenden Markt und dann den passenden Indexfonds auswählen. Es gibt verschiedene Wege, Indizes in einem ETF abzubilden. Zu unterscheiden ist zwischen Produkten mit natürlichen und solchen mit synthetischen Zutaten. Erstere bilden Aktien oder Anleiheindizes schlicht eins zu eins ab. Im Jargon heißt das physische Replikation.

Ein Dax-ETF kauft also die 30 enthaltenen Titel und gewichtet diese gemäß dem Index. So ist Bayer mit zehn Prozent am höchsten gewichtet, der kleinste Dax-Wert Lanxess macht ganze 0,5 Prozent des Indexfonds aus. In der zweiten ETF-Kategorie steckt dagegen nicht das, was draufsteht. Bei einem synthetischen ETF auf den Dax kauft ein Anleger nämlich nicht etwa den Korb mit den 30 größten börsennotierten Konzernen. Vielmehr setzt sich das Fondsvermögen aus ganz anderen Wertpapieren zusammen. Geldanlage: Indexfonds/ Exchange-Traded Fund (börsengehandelter Indexfonds).

Beschreibung:

Indexfonds sind Aktienfonds einer Investmentgesellschaft, deren Zusammensetzung sich an einem bestimmten Index (z. B. DAX, Dow Jones) orientiert. Indexfonds werden „passiv" gemanagt, das bedeutet, dass die Fondsmanager in die dem Index zugrunde liegende Wertpapiere investieren, und zwar im gleichen Verhältnis, wie diese im Index enthalten sind. Ziel ist es, den Index mit der Vermögensstruktur im Fonds so genau wie möglich abzubilden. Werden Indexfonds an der Börse gehandelt, spricht man von Exchange-Traded Funds, (abgekürzt „ETF"). In diesem Fall hängt der Kaufpreis des Investmentzertifikats nicht nur vom Wert des Fonds ab, sondern auch von Angebot und Nachfrage an der Börse. Eigenschaften der Anlage:

Käufer der Anlage wird Miteigentümer am Sondervermögen der Investmentgesellschaft (Teilhaber).Mindestanlage: 1Anteil. Anlagedauer: Unbestimmt keine feste Laufzeit. Vorzeitige Verfügbarkeit ETF: Jederzeitiger Verkauf zum aktuellen Kurs an der Börse, der Handel erfolgt meist über die elektronische Bösenplattform Xetra. Ertrag: Kann Ausschüttungen haben

haben, höherer Ertrag ergibt sich auch aus einem höheren Rückgabepreis (ETF, Verkaufskurs) als Ausgabepreis (ETF; Kaufkurs). Ein Ertrag ist also auch möglich, wenn sich der Wert des Fondsvermögens während der Anlagedauer erhöht. Die Rendite: Völlig unsicher! Kosten ETF: Ohne Ausgabeaufschlag und dadurch niedrigere Gebühren. Es besteht keine Absicherung durch den Einlagensicherungsfonds, auch sonst keine andere Absicherung. Haftung: Keine Haftung der Hausbank des Anlegers. Sicherheit der Anlage: Relativ sicher! Risikoklasse der Anlage: nach Wertpapierhandelsgesetz, Spekulativ. Da Berater daran kein Geld verdienen, müssen Frauen diese Anlagen in Eigenrecherche erwerben und sie regelmäßig im Blick haben. Welche ETFs gut sind, kann man bei Verbraucherportalen nachlesen. Frauen, die lieber eine Beratung in Anspruch nehmen wollen, müssen wissen, dass diese Dienstleistung beziehungsweise die Betreuung der Geldanlage Geld kostet. Dabei müssen Frauen darauf achten, dass sie eine laufende Betreuung erhalten. Anlagen mit hohen Einmalgebühren bergen die Gefahr, dass die Beraterin oder der Berater am Anfang die Provision einnimmt und anschließend kein Interesse mehr an der laufenden Betreuung hat.

4.0 Anlage in Rohstoffen

Gerade wenn Turbulenzen an den Kapitalmärkten drohen oder hohe Renditen mit anderen Geldanlagen nur schwer möglich sind, wenden sich Anleger Rohstoffen zu und investieren dort. Aktuell geraten Rohstoffe wieder verstärkt in den Fokus. Dabei ist die Anlage in Rohstoffe wie Metalle, Öl oder Edelhölzer mit genauso vielen Chancen wie Risiken verbunden. Die meisten Menschen denken vorwiegend an Gold, Silber und gegebenenfalls Öl, wenn es darum geht, ihr Geld in Rohstoffe zu investieren. Allerdings werden gerade

gerade in der Industrie weitere Rohstoffe benötigt, sodass sich auch eine Anlage in Platin, Palladium oder Kupfer lohnen kann. Hinzu kommen nachwachsende Rohstoffe, zum Beispiel Hölzer, die bei einer nachhaltigen Bewirtschaftung sogar ohne Raubbau an der Natur möglich sind. Zudem können Anleger in Agrarrohstoffe wie Kaffee und Kakao investieren, deren stete Nachfrage starke Wertschwankungen unwahrscheinlicher macht. Anleger, die einen Teil ihres Vermögens in Rohstoffe investieren, sollten sich jedoch genau mit den jeweiligen Besonderheiten auseinandersetzen. Insgesamt beobachten Experten im Moment eine positive Wertentwicklung bei vielen Rohstoffen. Auch Kleinanleger wittern daher ihre Chance. Bevor Anleger in Rohstoffe investieren: Aktuelle Entwicklungen beobachten. Vor ein paar Jahren war es vor allem Chinas Rohstoffhunger, der die Rohstoffpreise in die Höhe trieb, in der Finanzkrise eher das Sicherheitsbedürfnis der Anleger. In jüngster Vergangenheit mussten dagegen viele Rohstoffe eher einen deutlichen Preisverfall erfahren.

Öl war billig wie lange nicht mehr, Metalle verbuchten Verluste von bis zu 50 Prozent. Nun steigen viele Rohstoffpreise wieder. Das hat unterschiedliche Ursachen. Neue technische Errungenschaften können beispielsweise die Nachfrage nach einem bestimmten Rohstoff wie Lithium in der Industrie erhöhen. Ebenfalls möglich ist ein

Preisanstieg durch eine künstliche Drosselung der Verfügbarkeit. Gerade beim Öl kennt man diese Strategie von den OPEC-Staaten, die dadurch den Preis mitgestalten.

„Gibt es Gesetzmäßigkeiten bei der Preisentwicklung der Rohstoffe?"

Anleger, die zum ersten Mal in Rohstoffe investieren, erhoffen sich verlässliche Aussagen darüber, wie sich die verschiedenen Preise von Edelmetallen und Co. zukünftig entwickeln werden.

Das ist aber keineswegs einfach. Der Goldpreis unterliegt zwar gewissen Gesetzmäßigkeiten. So ist der Rohstoff als „sicherer Hafen" für Anleger insbesondere dann interessant, wenn es Unruhen an den Finanzmärkten gibt. Folglich steigt der

Goldpreis in Krisenzeiten, während er tendenziell bei florierenden Kapitalmärkten sinkt. Allerdings lässt sich selbst für Experten kaum zuverlässig vorhersagen, wann es wieder zu einer Krise oder einer Phase des Aufschwungs kommt beziehungsweise wie lange diese jeweils anhält. In Rohstoffe investieren: Das sind die Chancen: Rohstoffe sind dazu geeignet, das eigene Vermögen inflationssicher zu machen.

Denn im Gegensatz zu Währungen sind Rohstoffe nicht an den Kaufkraftverlust des Geldes gebunden. Darüber hinaus lässt sich mit einem gut aufgestellten Rohstoffportfolio ein Gewinn im zweistelligen Prozentbereich erzielen vorausgesetzt, dass Kauf und Verkauf des jeweiligen Rohstoffs zum richtigen

Zeitpunkt erfolgt. Wird direkt in Rohstoffe investiert, sich ein Anleger beispielsweise einen Goldbarren für den heimischen Tresor zulegt, sind allerdings keine echten Erträge möglich. Anleger haben jedoch mit der Investition in die Aktien Rohstoff produzierender Unternehmen sogenannte Rohstoffinvestments die Chance, von positiven Entwicklungen an den Rohstoffmärkten zu profitieren und zusätzlich Erträge wie Dividenden mitzunehmen. Risiken eines Investments in Rohstoffe: Abhängig von der Art des Rohstoffes sind die Risiken für Anleger unterschiedlich. Anlagen in Hölzer können durch Ungezieferbefall, Brände oder Unwetter im schlimmsten Fall komplett zerstört werden. Die Preisentwicklung von Kaffee, Kakao und anderen Agrarrohstoffen ist ebenso von guten und schlechten Erntejahren abhängig. Der Wert von Industrierohstoffen kann durch neue Konjunkturdaten plötzlich in die Höhe schießen – oder ins Bodenlose fallen. Selbst vermeintlich sichere Vorhersagen wie der steigende Lithium-Bedarf durch die Verbreitung von Elektroautos könnten durch neue wissenschaftliche Erkenntnisse und die Verwendung eines anderen Rohstoffs bei der Herstellung der notwendigen Akkus ins Leere laufen. Sicherheit gibt es bei den Prognosen also niemals. Daher rate ich auch dazu, nur einen Teil des verfügbaren Vermögens in Rohstoffe zu investieren. So lassen sich größere Wertverluste aussitzen und bessere Zeiten abwarten.

4.1 Warum in P2p-Kredite investieren?

Ich mag alles, Ich mag alles, was verkrustete Strukturen aufbricht und veraltete Branchen ins Wanken bringt. Dadurch entsteht Raum für Innovation. Und die Banken sind schon längst überfällig. Außerdem finde ich den Gedanken, Menschen Geld zu leihen irgendwie nett. Mir ist auch egal, was sie damit machen. Plus: Der Prozess ist sehr einfach und schnell. Wenn man nicht aktiv über die Vergabe der Kredite entscheiden möchte, braucht man nicht mehr tun als sich anzumelden, Geld zu überweisen und auf ca. 4 Buttons zu klicken. Schon verdient das Geld Geld. Für Anleger kommen deutsche z. B. Auxmoney und internationale P2P Kreditmarktplätze wie z. B. Bondora,Mintos,Estateguru, Investly und FinBeeCom in frage.

„Wie sieht es denn nun in Sachen Rendite aus?"

Von 5% - 15%. Diese Anlageform ist nur für Menschen die auch gewisse Risiken eingehen können und wollen. Wenn höheres Risiko eingegangen wird, steigt auch gleichzeitig die Rendite. Kriterien für eine Anlage in einer P2P – Plattform:

Stellvertretend für andere Plattformen. „Seit wann dabei?"

2015 Fin BeeCom Monatliches Kreditvolumen: 250.000 Euro Rückkaufgarantie: nein Kredite besichert: nein Kreditnehmer: Verbraucher Kreditart:

Annuitätendarlehen Portfolio-Builder: ja Zweitmarkt: ja Mindestanlagebetrag: 5 Euro Durchschnittliche Rendite: ca. 15% Durchschnittliche Kreditlaufzeiten: 3 bis 60 Monate Informationen der Kreditnehmer werden geprüft: nein Anlegergebühr: 1% bei Verkauf des Darlehens auf dem Zweitmarkt Währungsrisiko: nein Sprache der Website: englisch, lettisch Renditen die möglich sind:

Bitte nicht von den Renditen täuschen lassen, ein entsprechendes Risiko besteht! Wer eine hohe Rendite haben muss, der ist bei P2p-Krediten richtig. Diejenigen die risikoscheu sind, werde wahrscheinlich eine andere Anlageform wählen. Unterschiede bei Gebühren und Rendite bestehen zwischen den einzelnen

P2p-Plattformen Vergleiche lohnen sich, um hier das Maximum an Rendite rauszuholen. NEU: Ganz neu Plattform mit Rückkaufgarantie + 6,6 % (Betastatus) Auxmoney + 7,0 % p.a Bondora +27% p.a Estateguru + 12,5 % p.a. Crosslend + 30 % p.a. Fellow Finance + 30 % p.a. Finbee + 27 % p.a. NEU: UVO Group + 10,7 % p.a. Lendico + 6,5 % p.a. Linked Finance + 9% p.a. Omaraha + 20 % p.a. Savy + 14 % p.a. Twino + 17 % p.a. Viventor + 10% p.a. 4.2 Aufteilung des Kapitals:

1. Bargeld 0€

2: Festgeld/Tagesgeld 25€

3: ETFs 25€

4: Rohstoffe 25€

5: Aktien 25€

Risikoarme Anlageformen:

Bargeld +Tagesgeld Risikoreiche

Anlageformen: ETFs +Rohstoffe+Aktien Aufteilung nach Rendite: Aktien,ETFs+Rohstoffe+Tagesgeld+Bargeld durch Mix der Anlageformen weniger Risiko. Erträge maximieren und Verluste minimieren. Jeweils 25€ in jede Anlageklasse investiere. Wenn man mit kleiner Sparrate anfängt:

25€ monatlich monatlich,zweimonatlich,quartalsweise, halbjährlich, oder jährlich. Hauptsache Frau/Mann fängt an zu sparen. Ganz wichtig ist es einfach mal zu starten.

„Auf was sollte Frau/Mann achten?" Folgende Punkte sind ganz wichtig für ein erfolgreiches investieren: 1."Was für eine Bank oder Fondsbank habe ich?" Fidelity Investment,Tempelton,IngDiba,Comdirect, Consorsbank und Targobank.

2. „In was für Produkte möchte ich mein Geld anlegen?"

Fonds,ETFs,Aktien,Rohstoffe,P2PKredite ,Tagesgeld,

3. „Für wie lange möchte ich das Geld anlegen (Zeitraum)?"

3,6,9,12 Monate 1,-15 Jahren oder länger!

4. „Was für eine Summe (Betrag) möchte ich monatlich anlegen?"

€ 25,50,75,100 oder mehr pro Monat.

5. „Wie viel Risiko kann ich eingehen?" Verlust max Verlust min in %

6. „Welche Verzinsung muss ich haben?" 1-5 % 5-10% 10-15%

7. „Möchte ich regelmäßige Ausschüttungen?"

Ja/Nein

8. „Möchte ich lieber Zinseszins Effekt

(Zinsen wieder anlegen) ?" Ja/Nein

9. „Wofür wird gespart?"

Urlaub ,Auto, Altersvorsorge,Schuhe, et cetera.

10. „Was für eine Summe soll nach X-Laufzeit ausgezahlt werden?"

1000/5000/10000

11. Steuraspekte Versteuerung der Zinseinnahmen! Freibeträge ausgenutzt oder nicht! Folgende Titel kann ich empfehlen: Gold Silber Münzen 1, 4oz bis 1kg Rohstoffe bei Gold.de: Händler aussuchen.

MSCI-World ETF-Comstage div Nr: ETF110 M-DAX-ETF-Comstage div Nr: ETF007 US-Dividend Aristocrats div Nr: A1JKS0 Tagesgeldkonto egal bei welcher Bank, Zinsen zwischen 0,1 und 0,5 % Rentenfonds und Währungsfonds für

Kurzfristiges Geld anlegen,Fidelity.

„Wo kann Frau/Mann Informationen beziehen?

Nun hier ein paar Seiten: Gold.de Fidelity.de Just ETF, Comdirect, Ing-Diba und jede andere Bank. Als Beispiel:

MSCI-World ETF-Comstage „Worin investiert der Fond sein Geld?"

2,190% APPLE1, 410% MICROSOFTCORP1,100% AMAZON. COM0, 970% FACEBOOK A0,950% JOHNSON & JOHNSON0, 880% EXXON MOBIL CORP 0,820% ALPHABET C0,790% JPMORGAN CHASE & CO0,790% ALPHABET A0,720% NESTLE 89,380% übrige Positionen Ein weltweit anlegendes Investment ETF 110 von der Comstage Aufteilung nach Aktien und Länder, worin das Geld anlegt wird. Das Risiko wird so minimiert! Wichtige

Kriterien für ein Investment in diesem ETF: Ist Sparplan fähig, Fondsvermögen 1,28 Mrd. Wird oft gehandelt, Fremdwährungsrisiko durch Dollar Währung!

5.0 Die Aktie

F ür mehr Risiko dann die Anlage in Aktien. Mehr Risiko bedeutet auch mehr Rendite. Am Anfang steht hier die Auswahl einer Aktie.

„Was möchte Frau/Mann ansparen und wofür?"

Aktien sind eindeutig eine langfristige Anlageform, Haltedauer von 5-15 Jahren. Auch hier gibt es große Unterschiede bei der Verzinsung/Dividende. Bei Aktien ist wichtig sie günstig zu erwerben, im Internet natürlich günstiger. In der Filialbank dann dafür mit mehr Beratung. Grundgebühr und Depotentgeld variieren deutlich, die Ordergebühr sollte im Auge behalten werden. Ein Sparplan hat viele Vorteile, Gebühren sind dann nur pro Orderausführung fällig.

„Welche Aktie sollte man sich ins Depot legen?"

Nun das hängt davon ab, wie viel Risiko man eingehen möchte. Dividenden starke Titel werden bevorzugt, Dividenden sind ein Zeichen der Stärke des Unternehmens. Ein Unternehmen das eine Dividende zahlt, geht selten pleite.

Hier einige Beispiele für starke Unternehmen: Zahlen fürs Jahr 2017

Bayer WKN; Bay001 Wert 107,90€ Dividendenrendite: 3,38%

Daimler WKN; 710000 Wert 61,97€ Dividendenrendite: 5,86%

Shell WKN; AOER6S-(B) Wert 23,97€

Dividendenrendite: 6,73%

BP   WKN;   850517   Wert   4,86€
Dividendenrendite: 7,00%

Pfizer   WKN   852009   Wert   28,55€
Dividendenrendite: 3,77%

Apple   WKN   865985   Wert   137,65€
Dividendenrendite: 1,95%

Alle Aktien haben hier eines gemeinsam, der Bekanntheitsgrad ist hoch! Sie haben alle eine hohe Marktkapitalisierung, das ist wichtig um Aktien gut kaufen und verkaufen zu können. Pfund, Pfizer und Apple in Dollar. Obwohl sie an den deutschen Börsen alle in € handelbar sind. Auch ist die Dividende recht hoch, alle haben über 1,9% Dividende: Einer der wenigen Unterschiede ist dann noch die Währung in der sie gehandelt werden, Bayer und

Daimler in €; Shell Und BP in Dollar.

„An welchen Börsen kann man sie Handeln?"

Nun bevorzugt natürlich Xetra und Stuttgart. Weitere Börsen sind hier Frankfurt, Düsseldorf; Tradegate oder LT Lang & Schwarz. Vorteile für Online-Banken, da die Gebühren dort niedrig sind. Aber der Vorteil der Filialbank, darf hier auch nicht unterschätzt werden, gerade wenn man Anfänger ist und viele Fragen unbeantwortet bleiben. Gerade die Aktien Shell und BP eignen sich für eine Dividendenstrategie, da sie quartalsweise ihre Dividenden ausschütten. Sparpläne für diese beiden Aktien findet man oft bei den Online-Banken. Solide deutsche Aktien sind meiner Meinung nach, die Bayer und Daimler. Hier kann man nicht viel falsch machen. Möchte Frau/Mann lieber mehr Risiko, dann kann man sich auch die Apple-Aktie mal ins Depot legen. Apple ist mehr ein Wachstumswert, daher auch die etwas geringere Dividende. Apple ist aber auch das Unternehmen der Stunde. Pfizer ist ein solider Wert, die Menschen werden immer älter, und die Medizin bringt erstaunliche Medikamente hervor.

Viagra und Zoloft sind glaube ich jeden bekannt, um hier nur zwei zu nennen. Mann muss sich natürlich vorher entscheiden welche Strategie man hat, hohe Kurszuwächse oder eine hohe Dividende!

Schritt 1 Depot-Bank finden.

Schritt 2 Depot eröffnen.

Schritt 3 Titel auswählen und kaufen

(ETFs/ Aktien)

Schritt 4 Depot beobachten, von Titeln sich trennt.

Schritt 5 Aktien zum richtigen Zeitpunkt verkauft (Gewinnzone).

Schritt 6 Gewinne aus Verkäufen versteuern Fachbegriffe die Frau/Mann kennen sollte:

Asett-Allocation: Ist die Vermögensaufteilung, Aufteilung des Gesamtportfolios.

Rebalancing: Regelmäßige Überprüfung der Zusammensetzung und der Gewichtung innerhalb eines Depots.

Diversifikation: Streuung/Aufteilung der Kapitalanlage/Depot;Aktien,Anleihen.

Länder, Branchen.

Cost-Average Effekt: Bei Anlageplänen mit regelmäßigen Einzahlungen erreicht der Anleger, dass bei fallenden Kursen mehr, bei steigenden entsprechend weniger Fondsanteile erworben werden. Klumpenrisiko: Das Ganze Geld auf eine Anlageklasse setzen z. B. alles Geld nur in einer Aktie. Aktiv und Passiv: Fonds sind meistens aktiv gemanagt und ETFs passiv gemanagt. Ganz wichtige Indikatoren für die Geldanlage: Dax,Dow,Dollar,Zins und Inflation. Einen Tipp an dieser Stelle:

Als Anfänger/in besser mit ETFs und Gold /Silber anfangen. Für Fortgeschrittene: Aktien und P2P-Kredite. Information: Am Anfang sollte immer die Information stehen, nicht Blind ins Verderben laufen. Keine Angst vor Fehlern, da jeder nur durch Fehler lernt! Die Frau die ihre eigenen Entscheidungen trifft, kann auch ihren eigenen Erfolg später für sich verbuchen. Geldanlage hat etwas mit Geduld und Ausdauer zu tun. Einmal investiert kann man ganz ruhig schlafen. Frau muss einfach nur einmal machen, dann läuft alles wie von selbst. Es gibt Menschen die jeden Tag ihren Kontostand beobachten und andere, die nie ihren Kontostand beobachten!

„Was für ein Typ sind Sie?"

In der Ruhe liegt viel Kraft. Wer aufmerksam Nachrichten verfolgt und dann für sich selbst die richtigen Schlüssel zieht. Der kann an der Börse selbst mit wenig Geld Einsatz, einiges verdienen. Es kommt doch immer noch auf das Timing (Zeitpunkt) an, wann Frau /Mann in den Markt einsteigt. Ich werde oft gefragt, „wann der „richtige Moment" ist einzusteigen?" Den „richtigen Moment" gibt es leider nicht. Genauer formuliert: Es ist im Grunde egal wann man einsteigt, viel wichtiger ist, wie günstig man in den Jahren einkaufen konnte und wann man aussteigt. Ideal wäre nach einem größeren Crash einzusteigen, weil dann die Kurse unten sind. Viel wichtiger ist Diversifikation, also wirklich sein Geld aufteilen in viele Assetklassen. Ich nenne das immer „Kuchen backen".

Einen Kuchen/Depot in viele Teile aufteilen um so sein Risiko zu minimieren. Strategie ist auch so ein Wort und wer mit Strategie ans Werk geht, der kann auch den einen oder anderen Euro gewinnen. Eine Strategie wäre: Sich auch mal von Fondsanteilen zu trennen, wenn man dick im Plus steht. An Gewinnen ist noch niemand gestorben! Wenn die Kurse niedrig sind eventuell die Sparrate zu erhöhen. Wenn man sieht, das ein ETF keine Rendite /Kurssprünge bringt, die Entscheidung trifft sich davon zu trennen. Es gibt viele Strategien, eine von ihnen bringt alle 3 Monate Zinsen/Dividenden: Die Dividendenstrategie. Bei ETFs und Fonds, aber auch bei Aktien. Nur nicht bei Gold und Silber. Und das ist auch gleichzeitig ein Kriterium gegen Gold und Silber! In Zeiten wo Zinsen niedrig und Inflation kein Thema ist, setzt man weniger auf Gold und Silber. Im Jahr 2017 setzt Frau/Mann auf Aktien, Fonds oder ETFs; weniger auf Tagesgeld.

5.1 Steuern

ETF und Steuern: Das neue Investmentsteuergesetz ab 2018. Die Steuergesetzgebung sieht Neuerungen für die Besteuerung von ETFs ab 2018 vor. Das kann Auswirkungen auf Ihre ETF-Anlageentscheidungen haben. Wir zeigen Ihnen was die neuen Regelungen für Steuern auf ETFs bedeuten. Änderungen durch das Investmentsteuerreformgesetz in 2018. Die neuen Regeln sollen zum 1. Januar 2018 in Kraft treten. Viele Details stehen jedoch zum heutigen Zeitpunkt noch nicht final fest. Sie, als Anleger, müssen sich um die technische

Umsetzung der neuen Regelungen nicht kümmern. Dies soll von den Banken und Fondsgesellschaften übernommen werden. Erklärtes Ziel sind Erleichterungen bei der Steuererklärung. Neben dem Ziel der Gleichbehandlung von in und ausländischen Fonds und ETFs soll durch die Neuregelung die Steuererklärung vereinfacht werden.

Für die Ermittlung der Steuer auf Erträge benötigen Sie in Zukunft nur noch vier Kennzahlen:

Höhe der Ausschüttungen (Dividenden). 1.0 Fonds-Wert am Jahresanfang (für die 1.0 Berechnung der Vorabpauschale, dazu später mehr). Fonds-Wert am Jahresende 1.0 Art des Fonds Bei der aktuellen Besteuerung sind noch 33 Angaben notwendig. Alle ETFs sollen gleich behandelt werden. Im Gegensatz zum bisherigen Gesetz soll es im Bezug auf die Besteuerung von ETFs keine Rolle mehr spielen, in welchem Land der ETF aufgelegt wurde, welche Replikationsmethode oder Ausschüttungsart er verfolgt. In Zukunft werden bei inländischen ETFs innerhalb der Fonds direkt 15 Prozent Körperschaftsteuer auf Dividendenerträge fällig.

Damit werden inländische Fonds den ausländischen Fonds gleichgestellt, denn die Steuer entspricht der Höhe der Quellensteuer auf deutsche Aktien in ausländischen Fonds gemäß vieler Doppelbesteuerungsabkommen. Zudem werden Anleger zukünftig nicht um eine jährliche Besteuerung der Erträge kommen. Egal, ob die Erträge ausgeschüttet, thesauriert oder in Kursgewinne gewandelt werden. Insbesondere für die beiden zuletzt genannten Fälle greift zukünftig die sogenannte Vorabpauschale, welche eine pauschale Wertsteigerung als Bemessungsgrundlage vorsieht. Quellensteuer nicht mehr anrechenbar auf Abgeltungssteuer.

Bisher konnten ETF-Anleger einbehaltene Quellensteuern auf die ausgeschütteten und ausschüttungsgleichen Erträge des Fonds anrechnen lassen. Diese Anrechnung der Quellensteuer fällt in Zukunft weg. Hier wird der Anleger durch eine Teilfreistellung steuerlich entlastet. Die Teilfreistellung wird im Verlauf des

Artikels noch genauer erläutert. Neu: Besteuerung einer Vorabpauschale. Die er für Besteuerung der Vorabpauschale ersetzt die Besteuerung der ausschüttungsgleichen Erträge. Die Vorabpauschale soll die Nutzung von ETFs und Fonds als Steuerstundungsmodell verhindern. Gleichzeitig bedeutet dies, dass die Ermittlung zukünftig von der Depotbank erfolgt und nicht mehr durch den Anleger in der Steuererklärung.

Zur weiteren Erläuterung der Vorabpauschale, müssen zunächst zwei weitere Begriffe eingeführt werden. Basiszins und Basisertrag. Der Basiszins wird jährlich vom Bundesfinanzministerium festgelegt. Er ist aus der langfristig erzielbaren Rendite von deutschen Bundesanleihen abgeleitet und soll den risikofreien Zins am Markt angeben.

Der Basiszins des Finanzministeriums liegt 2016 bei 1,1 Prozent und darf nicht mit dem Basiszins der Bundesbank (aktuell -0,88 Prozent) verwechselt werden. Basisertrag = ETF Wert zum Jahresanfang x Basiszins x 0,7;

mindestens 0.

Vorabpauschale=Basisertrag - Ausschüttungen; mindestens 0. Teilfreistellung der Erträge als Entschädigung für Anleger. Die Teilfreistellung soll die Anleger für die oben erläuterte neue Besteuerung deutscher Fonds auf Fondsebene entschädigen. Anleger in ausländische Fonds sollen gleichzeitig für den Wegfall der Anrechenbarkeit der Quellensteuer entschädigt werden.Die Teilfreistellung führt dazu, dass die auf Ebene des Anlegers steuerlich zu erfassenden Erträge in einem bestimmten Umfang steuerfrei werden.Für Privatanleger gibt es unterschiedliche Abschläge je nach Fondskategorie: Typ Definition Teilfreistellung Aktienfons Aktienquote 51% 30% Mischfonds Aktienquote?

25% 15% Sonstige Aktienquote < 25% 0% Rechenbeispiele zur Verdeutlichung der neuen Steuerregelungen. In den folgenden Beispielen vergleichen wir die Auswirkungen auf ausschüttende und thesaurierende ETFs mit gleicher Wertentwicklung. Für alle Beispiele rechnen wir mit dem derzeitigen Basiszins in Höhe von 1,1 Prozent. Es wird angenommen, dass der anrechenbare

Freibetrag in Höhe von 801 Euro bereits aufgebraucht ist. Bei unserem Beispiel-ETF handelt es sich um einen MSCI World ETF und somit um einen Aktien-ETF mit einer Teilfreistellung in Höhe von 30 Prozent. Gerechnet wird mit der Abgeltungssteuer in Höhe von 26,375 Prozent inklusive Solidaritätszuschlag. Steuer-Beispiel 1.1: Ausschüttender ETF mit kleinem Gewinn. Wert der Fondsanteile am 01.01.2018:

10.000 Euro. Wert der Fondsanteile am 31.12.2018: 9.750 Euro Ausschüttungen: 300 Euro. Kursentwicklung:-250 Euro Gesamtergebnis 50 Euro. Basisertrag = 10.000 € x 1,1% x 0,7 = 77 €. Der Basisertrag ist auf das Gesamtergebnis begrenzt, dieses beträgt 50 Euro Vorabpauschale = 50 € - 300 € = -250 €. Da die Vorabpauschale nicht negativ wird, beträgt sie hier 0. Besteuerung der Ausschüttung = 300 € x (100% – 30%) x 26,375% = 55,39 €. Besteuerung der Vorabpauschale = 0 € x (100% - 30%) x 26,375% = 0 €. Steuerlast insgesamt= 55,39 € + 0 € = 55,39 €. Verkauf zum 31.12.2018 zu 9.750 €. Steuer beim Verkauf = (9.750 € - 10.000 € - 0) x 0,7 x 0,26375 = -46,16 €. Gesamtsteuer = -46,16 € + 55,39 € = 9,23 €.

FAQ: Besteuerung von ETFs ab 2018. Was ist in Zukunft besser, thesaurierender oder ausschüttender ETF? Anleger mit dem Ziel der Steuerstundung, also der Hinauszögerung der Steuerzahlung, scheinen nach derzeitigem Stand auch in Zukunft mit thesaurierenden ETFs besser zu fahren. Bitte beachten Sie bei solchen Überlegungen immer Ihre persönliche steuerliche Situation. Nicht immer ist

Steuerstundung sinnvoll. In vielen Fällen ist es sogar von Vorteil heute schon Erträge zu realisieren. Nur mit steuerlich relevanten Erträgen können Anleger den Steuerfreibetrag in Höhe von 801 Euro ausnutzen. In steuerlicher Hinsicht bietet ein Investment in physische Edelmetalle und insbesondere in Gold zahlreiche Vorteile.

Dazu zählen der teilweise vollständige Wegfall der Mehrwertsteuer, die Befreiung von der Abgeltungssteuer sowie die Steuerfreiheit von erzielten Gewinnen beim Verkauf der Edelmetalle nach einer Haltefrist von nur einem Jahr. Das Wichtigste in Kürze. Gewinne auf Gold und Silber sind nach 1 Jahr Haltedauer steuerfrei!Unterjährig realisierte Gewinne (ab 600 €) nach persönlichem Steuersatz.

Anlagegold ist Mehrwertsteuer frei. Silbermünzen sind oft nach der günstigen Differenzbesteuerung besteuert. Silberbarren werden mit 19% besteuert. Xetra-Gold ist Anlagegold steuerrechtlich gleichgestellt. Beim Kauf von Gold fällt keine Umsatzsteuer beziehungsweise Mehrwertsteuer an. Das gilt allerdings nur, wenn es sich um Anlagegold handelt!

Als Anlagegold bezeichnet man Goldbarren oder Goldmünzen, die alle in der EU-Richtlinie 98/80/EG1 festgelegten Kriterien erfüllen: Steuern auf Gewinne beim Gold Verkauf. Die Finanzbehörden behandeln Gewinne aus dem Verkauf von physischem Gold als ein privates Veräußerungsgeschäft nach § 23 EstG. Innerhalb einer Haltefrist von einem Jahr fällt Einkommensteuer nach dem persönlichen Steuersatz des Verkäufers an. Die Besteuerung entfällt, wenn der Gewinn die Freigrenze von 600 Euro nicht erreicht. Nach Ablauf der Haltefrist von einem Jahr ist der Verkauf steuerfrei. Die Regelung gilt sowohl für Anlagegold als auch für Altgold. Die Abgeltungssteuer in Höhe von 25 % plus Solidaritätszuschlag und Kirchensteuer fällt beim Goldverkauf nicht an. Steuern auf Silber.

Mehrwertsteuer auf Silbermünzen und Silberbarren. Der ermäßigte Steuersatz für Silbermünzen von 7 Prozent wurde 2014 gestrichen. Es gibt jedoch ein völlig legales-steuerrechtliches Schlupfloch, mit dem Händler die volle Umsatzsteuer Mehrwertsteuer für Silbermünzen umgehen können: die Differenzbesteuerung. Die

Differenzbesteuerung kann für Silbermünzen angewendet werden, die aus dem Nicht-EU-Ausland importiert wurden.Sie funktioniert wie folgt: Der Händler oder dessen Lieferant zahlt für die Einfuhr der Münzen die Einfuhrumsatzsteuer von 7 Prozent. Lediglich die Differenz zwischen dem Ankaufspreis und dem Bruttoverkaufspreis, also die Gewinnmarge des Händlers, wird mit 19 Prozent besteuert, daher der Name Differenzbesteuerung. Im Effekt bedeutet die Anwendung der Differenzbesteuerung, dass der Käufer etwa ein Prozent mehr für Silbermünzen zahlt, als es nach dem ermäßigten Steuersatz von 7 Prozent bis 2013 der Fall gewesen wäre. Silberbarren: Für Silberbarren findet die

Differenzbesteuerung keine Anwendung. Beim Kauf wird der vollen Mehrwertsteuersatz von 19 Prozent fällig. Mehrwertsteuer auf Altsilber. Für den Kauf von Altsilber wie Silberschmuck oder Silberbesteck existieren keine steuerrechtlichen Sonderregelungen, sodass der volle Mehrwertsteuersatz von 19 Prozent zu zahlen ist. Steuern auf Gewinne beim Silber Verkauf.

Gewinne, die beim Verkauf von physischem Silber anfallen gelten wie der Goldverkauf als privates Veräußerungsgeschäft, egal ob es sich um Münzen, Barren oder Altsilber handelt. Innerhalb einer Haltefrist von einem Jahr gilt die Einkommensteuer nach dem persönlichen Steuersatz ab einer Freigrenze von 600 Euro. Abgeltungssteuer fällt nicht an.

6.0 Fazit

J ede Anlage kann nach den Eigenschaften Rentabilität, Sicherheit, Liquidität und Steueroptimierung beurteilt werden. Diese vier Merkmale stehen in Beziehung zueinander, lassen sich jedoch bei keiner Anlage gleichzeitig erreichen. Ein Anleger muss sich immer entscheiden: Will er mehr Rendite, dann muss er mehr Risiko eingehen. Will er schnell über die Geldanlage verfügen können, dann sollte er nicht langfristig anlegen oder muss unter Umständen bei der Verfügung Rendite-Einbußen hinnehmen. Da jede

Geldanlage die vier Merkmale in unterschiedlichster Qualität erfüllt, ist die Wahl der Produkte der Anlagestrategie und der persönlichen Bevorzugung unterzuordnen. Risiko und Ertrag sind untrennbar miteinander verbunden. Sie bekommen am Geld- und Kapitalmarkt keine Geschenke, denn Risiko und Ertrag sind untrennbar miteinander verbunden.

Wenn Sie diesen Satz verstanden und verinnerlicht haben, dann haben Sie gute Chancen, Ihre zukünftigen Anlageentscheidungen mit Bravour zu meistern. Denken sie immer daran, es ist noch kein Meister vom Himmel gefallen und es gibt nichts was Frau/Mann nicht kann. Inmitten der Schwierigkeiten liegt die Möglichkeit.

J.R Lucas Wolf featuring Albert Einstein

Literaturverzeichnis

Just ETF

Bundesfinanzministerium

N24 Nachrichtensender

Boerse.de

Eigene Gedanken.

Impressum

luquetejero@hotmail.com

J.R Lucas Wolf

Verlag BoD – Books on Demand,

Norderstedt